SUR LES ROYALISTES

DE M. LE VICOMTE

DE CHATEAUBRIAND,

PAIR DE FRANCE.

Par J.-Ch. BAILLEUL,

EX-DÉPUTÉ.

A PARIS,

Chez
- Ant. BAILLEUL, Imprimeur-Libraire, rue SainteAnne, n°. 71;
- DELAUNAY, Libraire, Palais-Royal, Galeries de bois, n°. 243;
- DELATOUR, Libraire, grande cour du Palais-Royal;
- MONGIE, Libraire, boulevard Poissonnière, n°. 18;
- BAUDOUIN frères, rue de Vangirard, n°. 36.

1818.

IMPRIMERIE D'ANT. BAILLEUL,

RUE SAINTE-ANNE, Nº. 71.

AVERTISSEMENT.

Je me propose de répondre dans cet écrit aux assertions les plus remarquables qui se trouvent dans la dernière brochure publiée par M. le vicomte de Châteaubriand, ayant pour titre Du systême politique suivi par le Ministère.

Dans un avertissement placé en tête de son écrit, M. de Châteaubriand prétend que c'est un usage établi dans le parlement d'Angleterre, « de s'enquérir de temps en » temps de l'état de la nation ; que cet » usage sert puissamment les libertés et » les intérêts de la patrie. » Il ajoute : « qu'un combat s'engage corps à corps » entre l'opposition et le ministère, com-

» bat dont le public est à la fois le spec-
» tateur et le juge, que les réglemens de
» nos deux Chambres n'admettent pas
» cette manière de procéder, c'est, dit-il,
» *pour y suppléer*, qu'il publie l'écrit
» dont il s'agit. »

Voilà dès le début une observation qui ne paraît pas facile à comprendre; qu'est-ce donc que le combat qui s'est engagé pendant la session actuelle des Chambres, entre les ministres et les orateurs opposans, lors de la discussion du projet de loi relatif à la liberté de la presse et à la surveillance des journaux? Faut-il, pour que *le combat soit corps à corps*, que l'on se prenne réellement au collet? Est-ce ainsi que cela se pratique au parlement d'Angleterre? Quoique nos institutions n'aient point les mêmes racines, et ne soient pas dirigées dans le même esprit, il est difficile de le croire. Sous ce premier rapport, le *supplément* n'était pas bien nécessaire : nous verrons si sous des rapports plus généraux et plus importans, il l'était davantage.

Un Pair de France ne pourrait-il pas choisir un théâtre plus analogue à la dignité de son titre, que la brochure, pour engager un combat, même corps à corps, avec le ministère ? N'y aurait-il pas un motif dans la nature même du combat et dans la qualité des champions, pour ne pas le livrer dans les rues et dans les carrefours ? Ce sont des questions qui pourraient, ce me semble, être examinées dans l'ordre de certaines bienséances ; mais tel n'est point précisément le sujet dont j'ai l'intention de m'occuper.

M. de Châteaubriand renouvelle la publication d'erreurs toujours dangereuses ; je les attaque dans leur principe ; Je ne me dissimule point les dimensions que lui donne sa réputation : le berger de Bethléem ne fut point effrayé de l'énorme stature de Goliath, et l'étendit à ses pieds. Je me présente au combat avec la même sécurité, sans prétendre au même succès ; je serai satisfait si j'obtiens le suffrage de quelques bons esprits.

Tout en rendant justice aux bonnes intentions du ministère, je suis loin d'adopter son systême de conduite dans ces derniers temps, et je crois devoir le dire ici ; mais commençons avant tout par reconnaître, par signaler et par écarter les véritables ennemis de l'état.

Cette brochure, dont l'impeession a été retardée par des raisons tout à fait particulières, devait paraître beaucoup plutôt.

SUR LES ROYALISTES

DE M. LE VICOMTE

DE CHATEAUBRIAND,

PAIR DE FRANCE.

———

Depuis le commencement de la session on menaçait le pnblic d'une brochure de M. le vicomte de Châteaubriand. Elle vient enfin de paraître ; mais sa rédaction, en quelque sorte improvisée, au moins en apparence, annonce-rait presque que c'est une conception toute nouvelle. En y réfléchissant, on peut aisément concilier une résolution déjà ancienne avec une exécution récente.

Il paraît que M. de Châteaubriand roulait dans sa tête le projet d'un écrit, qu'il se sentait plein de paroles, *plenum verbis*, mais qu'il avait besoin d'un point de départ, d'un à pro-pos qui donnât de l'éclat à son entreprise, qui tout à la fois en démontrât la nécessité et en assurât le triomphe. Le projet de loi sur la li-berté de la presse et sur les journaux, la dis-cussion qui en a suivi la présentation aux Cham-

bres, ont paru à l'auteur une occasion favo-
rable ; il l'a saisie ; nous jouissons enfin de cette
production attendue avec impatience , avec es-
poir par les uns , et seulement avec curiosité
par les autres : on peut la regarder comme une
rude charge que M. de Châteaubriand , à la tête
de ce qu'il appelle *les Royalistes*, a eu l'intention de faire contre le ministère.

Voici les premières paroles de M. de Châteaubriand : « On *a voulu faire entendre* que les
» *royalistes*, par des obstacles accumulés, arrê-
» tent la marche du gouvernement , l'ébran-
» lent, etc...... *Les Royalistes* n'ont pas besoin
» d'être justifiés, »

« On a voulu faire entendre !.... » Cette façon
de parler annonce une interprétation, une supposition d'intention. Or, une supposition n'est
pas une certitude ; M. de Châteaubriand peut
se tromper dans sa supposition : son écrit pourrait donc n'avoir d'autre fondement , d'autre
cause qu'une erreur de son fait. Cette observation n'est pas indifférente , parce que nous
trouverons bien d'autres suppositions dans le
cours de l'ouvrage.

Passons à une autre remarque que je crois
bien plus importante.

M. de Châteaubriand ne dit pas *des royalistes*, mais *les Royalistes* ; il en est de même

dans tout le cours de son écrit. Cette locution est tout à fait remarquable, puisque, pris ainsi d'une manière absolue, les royalistes sont en France une classe d'individus à part, une portion caractérisée et exclusive de la population, qui n'admet ni nuance, ni mélange, ni confusion.

Qu'est-ce donc que *les Royalistes* de M. de Châteaubriand ? « Ce sont, selon lui, des » hommes dont les malheurs *disent* assez s'ils » ont défendu la monarchie. » Voilà qui serait déjà assez clair ; mais sa nouvelle brochure n'étant qu'une suite, qu'une application des doctrines contenues dans celle qu'il publia en 1816, sous le titre *De la Monarchie selon la Charte*, c'est dans cette dernière qu'il convient de puiser à cet égard des notions encore plus certaines et plus incontestables.

D'ailleurs, M. le vicomte s'est expliqué sur ce point dans toutes les occasions, de manière à ne laisser aucun doute. Les royalistes ne sont pas seulement ceux qui, à raison de leurs opinions, se croient dignes de ce titre, car tous ne sont pas nobles ; ce ne sont pas tous les nobles, car tous les nobles n'ont pas émigré ; ce ne sont pas tous les émigrés, car tous les émigrés n'ont pas pris les armes contre leur patrie ; ce sont les individus qui se sont constamment opposés à la révolution, qui, tant à l'intérieur de la France qu'au dehors, *ont combattu pour l'autel et pour le trône*; et qui ont persisté dans leurs sentimens.

Ce sont là, en me servant toujours des expressions de M. le vicomte, les seuls amis du trône, les seuls partisans de la couronne, les seuls hommes irréprochables, les seuls vrais français fidèles qui *aient su l'honneur*, les seuls qui n'entendent qu'au nom de Dieu et du Roi, etc......

La Vendée est la terre sacrée de la légitimité et de la fidélité.

D'où il suit que la nation qui a combattu à l'intérieur pour sa liberté, au dehors pour son indépendance, est une nation de *rebelles*; que les citoyens qui ont rempli des fonctions quelconques depuis 1789, sont des *rebelles*; qu'il n'y a de pur que les royalistes de M. de Châteaubriand; qu'il n'y a de juste, de beau et de bon, que ce qu'ils ont fait.

Il convient, avant d'examiner l'écrit de M. de Châteaubriand, d'éclaircir des assertions aussi hardies; car de ces éclaircissemens seuls doivent sortir les élémens d'une réponse capable de porter la conviction dans les esprits.

Nous savons déjà qu'il y a en France des royalistes qui font classe à part. Maintenant en quel nombre sont-ils, les royalistes de M. de Châteaubriand? Et que fait-il des individus que nous savons déjà n'être pas *les vrais français* ? Sont-ils au moins des demi-royalistes, des quarts de royalistes, des quasi-royalistes ?

M. le vicomte a prévu la question, et ne fait point attendre la réponse : il nous apprend que les royalistes forment les deux cinquièmes de la population jouissant des droits politiques. Il paraît qu'il a pris de nouvelles informations, car dans sa *Monarchie selon la Charte*, il soutient qu'ils sont en majorité : je n'en suis pas moins persuadé qu'il se trompe encore aujourd'hui. N'importe ; mais que sont donc les trois autres cinquièmes? Ils se composent, pour la très-grande quantité, *d'indépendans*, le reste de *ministériels* ; ce sont ses expressions.

D'après ces données, il est bien évident que les royalistes et les indépendans sont deux choses distinctes, et, qui pis est, opposées ; que ni les indépendans, ni les ministériels ne sont pas des royalistes ; que par conséquent la majorité des français n'est pas royaliste. Une autre remarque assez singulière, c'est que, selon ce classement, il ne reste personne en France pour la Charte constitutionnelle.

Les assertions que je rappelle sont bien extraordinaires, et il ne l'est pas moins qu'on ose les proclamer hautement.

Sous quelque point de vue qu'on examine cette publication, on est forcé de se demander quel bien a pu s'en promettre l'auteur? Un homme qui se respecte ne doit produire un acte public que dans des vues honnêtes et utiles; cette règle est plus impérieuse pour lui, s'il est revêtu de fonctions publiques; elle devient de rigueur absolue pour qui se trouve investi des plus hautes fonctions de l'état.

L'assertion dont il s'agit est vraie, ou elle est fausse.

Si elle est vraie, convient-il à un pair de France de publier que la majorité des français n'est pas pour le gouvernement existant, n'est pas pour le Roi? N'est-ce pas alors rallier les ennemis du gouvernement, et les pousser à des entreprises condamnables, que de leur faire connaître qu'ils sont en si grand nombre? N'est-ce pas appeler sur nous l'attention de l'étranger, et lui inspirer de sérieuses inquiétudes, que de signaler le pays comme livré à deux factions, dont la plus puissante est contraire à l'ordre établi? N'est-ce pas mettre le gouvernement dans la nécessité de prendre les mesures les plus sévères, et de courir toutes les chances indispensables à sa conservation,

lorsqu'il peut se croire aussi éminemment me-
nacé ?

Si l'assertion n'est pas vraie. sous combien
de rapports, surtout venant d'un pair de
France, n'est-elle pas odieuse, je dirais presque
criminelle! Vous semez la haine et les défiances
dans toute la nation; vous perpétuez, vous
créez des factions dans l'état; vous les enhar-
dissez, vous jetez sans motif l'inquiétude et
l'alarme dans le gouvernement; vous calóm-
niez la population : les craintes que vous avez
fait naître pouvaient provoquer des mesures
funestes, par cela seul qu'elles étaient inutiles.

Mais qui vous a donné mission de cons-
tater ainsi l'état moral et politique de la nation ? Quel moyen avez-vous employé pour
obtenir des résultats ? Ce moyen est-il assez
infaillible, pour que vous vous croyiez certain
de la justesse et de la vérité des observations
que vous osez publier, soit que vous révéliez
une grande calamité, si vous n'êtes pas trompé;
soit que vous vous permettiez un outrage sans
exemple comme sans bornes envers la majorité
d'une nation et envers son gouvernement, si
vos informations sont fausses? N'assumez-vous
pas sur votre tête une effrayante responsabilité?
La publicité, dans un comme dans l'autre cas,
peut-elle produire autre chose que du mal?

dès-lors, quel abus de la parole ! quel abus de la presse !

De quelque côté qu'on envisage cette conduite, elle est également hasardée, dangéreuse et répréhensible.

Un homme, dans la position où se trouve M. de Châteaubriand, se permettrait-il une aussi grande témérité, sans des motifs puissans ? Personne ne le croira ; et ses desseins révélés dans les deux écrits que nous rappelons, ne laissent pas le plus léger doute sur son but, comme sur ses moyens qu'il croit infaillibles.

M. de Châteaubriand veut donc continuer la lutte entre les anciens corps privilégiés et la nation, qui est aussi un corps, un corps toujours existant, un corps que l'on peut compromettre, mais qu'il est difficile d'anéantir. Il est vrai qu'il ne reproduit pas les prétentions de ces corps sous leur véritable dénomination; il ne parle ni de la noblesse, ni du clergé : les hommes qui sont l'objet de sa sollicitude, les hommes seuls dignes de la confiance du Monarque, les hommes auxquels appartient la France, qui ont le droit de juger les vivans et les morts, de punir et de pardonner, dont le discernement est assez grand pour caractériser les événemens des vingt-cinq dernières années, et pour appliquer sur le front de chaque français ou le signe de l'indulgence , ou le cachet de la réprobation ; car tous sont coupables ; ces hommes par excellence sont LES ROYALISTES de M. le vicomte de Châteaubriant.

Ce nouveau masque est assez adroitement choisi ; c'est profiter avec quelque habileté de la singularité des circonstances et de la difficulté des positions. Toutefois, M. de Châteaubriand croit-il être suffisamment retranché derrière cette dénomination de *royalistes*, quelque respectable quelle soit, si elle est usurpée ? et croit-il qu'il soit impossible de briser ce masque sur les figures qu'il veut déguiser ?

On ne peut se dissimuler que la confusion qui naît de ces systêmes d'envahissement , fait le malheur de la France : elle obscurcit, elle pervertit toutes les idées; elle altère et corrompt tous les rapports ; elle se fait sentir sur tous les points du territoire , jusques dans les hameaux les plus isolés , par un malaise qui ne peut échapper à l'observation la plus superficielle ; on la retrouve dans les mesures administratives , dans les discours des officiers publics , à la chaire , au barreau , dans les actes des tribunaux : elle trouble les délibérations des grands corps de l'état ; elle alimente, elle accroît les erreurs les plus pernicieuses sur les faits , sur les hommes et sur les choses. Il est donc bien urgent de jeter quelques lumières sur ce chaos, vraie boîte de Pandore, d'où sont déjà sortis tant de maux, et qui nous en promet encore une longue suite, si l'on n'ouvre promptement et tout à fait les yeux.

Ce n'est pas assez de repousser des entreprises constamment les mêmes, quoique reproduites sous différentes formes depuis 25 ans; ce n'est pas assez, dis-je, de les repousser par le sentiment d'un danger quelconque : il faut enfin remonter aux causes, se rallier à des points fixes de doctrine, mettre une bonne fois chacun à sa place, d'après des faits positifs et des principes incontestables.

« Sous la fin de la seconde race, dit Mézerai, » le royaume était tenu selon les lois des fiefs, » *se gouvernant comme un grand fief*, PLUTÔT » QUE COMME UNE MONARCHIE. »

L'autorité royale proprement dite était anéantie, lorsque la troisième race monta sur le trône. Aussi, depuis Hugues-Capet inclusivement jusqu'à ces derniers temps, la monarchie n'offre qu'un combat non interrompu entre les rois et les grands possesseurs de fiefs; son histoire n'est qu'un enchaînement de révolutions; c'est un fait qu'attestent toutes les pages de nos annales, et particulièrement les règnes de Louis-le-Gros, Louis XI,

Henri III, Louis XIII, et la minorité de Louis XIV. A cette dernière époque, les choses prennent une autre face; mais les seigneurs terrassés trouvent d'autres moyens d'attaquer le trône et de compromettre sa dignité. Ne pouvant plus lutter avec les rois, ils cherchent à s'associer à leur autorité. La force des priviléges féodaux, jusques-là opposée à la couronne, se place sous son égide, en se donnant pour un appui nécessaire. Sous cette influence, la monarchie prend une physionomie nouvelle; mais plus puissante en apparence, elle renferme dans son sein le ferment qui doit amener bientôt des événemens d'une autre nature.

C'est avec le secours des peuples, c'est par l'affranchissement des serfs, par l'établissement des communes, par l'extension de leur juridiction, que les rois ont réprimé les usurpations des corps privilégiés; mais il ne fallait pas perdre de vue que si, postérieurement à leur triomphe, ces corps ne pesaient plus directement sur leur autorité, ils pesaient sur la nation, et comprimaient son génie; que si la souveraineté était dégagée des entraves dont ils l'avaient environnée, la féodalité la dirigeait sans cesse par ses souvenirs et ses inspirations, tenait sous son joug toutes les propriétés, enchaînait plus ou moins toutes les industries ; son esprit se reproduisait dans les opérations et dans les divers rapports du gouvernement ; et cet esprit étant opposé aux intérêts et aux convenances de la masse de la population ; il y avait évidemment dans le gouvernement un principe de révolution. Les corps politiques comme les corps physiques organisés, tendent sans cesse à rejeter tout élément étranger qui ne peut se mettre en harmonie avec leur existence.

En effet, l'état de la monarchie sous Louis XIV et sous Louis XV, ne pouvait être qu'un état intermédiaire, plus ou moins durable, suivant une foule de circonstances accessoires, puisque les corps privilégiés, réduits à une sorte de nullité, quant aux rois, ne l'étaient pas quant aux peuples, et que même ils étainet passés du côté de la royauté, pour en altérer le principe. Les peuples faisant chaque jour des progrès, et des progrès rapides, dans la civilisation, devaient bientôt voir la cause d'une oppression réelle dans les prérogatives de ceux qui avaient été si long-temps les oppresseurs des rois et des peuples.

Les esprits une fois dirigés vers les abus et les usurpations des corps privilégiés, il ne fallut plus qu'une occasion pour voir éclater les plaintes et les mécontentémens. Cette occasion se présenta : les rois, dans leurs démêlés avec les nobles, avaient appelé les peuples à leur secours; les peuples, à leur tour, invoquent l'appui du monarque; leur voix est entendue. Au mois d'août 1789, les priviléges de toute espèce, et notamment la féodalité, avec ses diverses et nombreuses ramifications, sont supprimés; l'égalité devant la loi est reconnue, et en même temps on pose les bases d'une régénération complète dans l'ordre politique, religieux, administratif et civil : époque à jamais mémorable et sans exemple dans l'histoire des nations !

LA, FINIT LA ROYAUTÉ FÉODALE OU MÊLÉE DE FÉODALITÉ; LA COMMENCE dans toute sa pureté, dans toute son indépendance, *la* ROYAUTÉ NATIONALE *ou* CONSTITUTIONNELLE, dont le germe, ranimé par Hugues-Capet, s'était successivement développé sous l'influence et par les efforts de ses successeurs. L'abolition de tout ce qui constituait l'ancien régime, et les principes fondamentaux du nouvel ordre de choses, sont sanctionnés par le Roi, en même temps qu'ils sont proclamés au nom du peuple; le nouveau contrat est formé entre le Monarque et les sujets; la révolution, quant au droit, est consommée.

Je dois appeler toute l'attention du lecteur

sur cette époque, qui est maintenant un fait, et un fait incontestable : elle renferme ce qu'on doit considérer comme étant *la révolution*, c'est-à-dire, le passage régulier, légal et légitime d'un régime aboli par le concours du Roi et du peuple, à un autre régime adopté par le même concours.

Les événemens qui ont suivi cette époque ont un tout autre caractère : ils ne sont point la révolution ; ils n'en sont pas même une conséquence nécessaire, car l'opposition qui les a fait naître, aurait pu n'avoir pas lieu.

Ce n'était pas assez d'effacer les abus et les erreurs du passé, de consacrer des droits et d'établir des principes ; il fallait les réaliser dans des institutions. D'habiles et savantes combinaisons étaient nécessaires, pour prévenir, d'un côté les mouvemens de l'anarchie toujours imminente dans les grands changemens, et, de l'autre, les usurpations de la puissance ; pour balancer les divers élémens du pouvoir, et donner au gouvernement une action régulière, certaine, et toujours bienfaisante. C'est à peine si la sagesse humaine eût pu vaincre de si grandes difficultés, en supposant qu'exempte de toute préoccupation, elle eût travaillé dans le calme et le recueillement. Telle ne fut point malheureusement la position qu'offrit la France après sa révolution : loin de là, des obstacles de tous les genres s'élèvent à l'instant même. Poser des principes, ce n'était pas les faire prévaloir, et et dans aucun temps il n'y eut d'entreprise aussi redoutable, aussi périlleuse, que celle d'abattre deux corps formidables, tels que l'étaient en France la noblesse et le clergé. Il suffit de rappeler que ces deux corps se partageaient tous les pouvoirs, et possédaient toutes les richesses; ils avaient donc à leur disposition ce qui intimide ou ce qui séduit.

La plus grande partie des membres de ces corps méconnaissent les droits du trône et ceux des peuples; ils organisent la guerre civile. Il est à remarquer que ses premiers feux avaient éclaté avant la dissolution de l'Assemblée constituante. Les mêmes hommes remplissent l'Europe de leurs cris, et provoquent l'invasion du territoire français. L'incertitude des chefs de l'état enhardit la résistance. Cependant la nation n'est pas disposée à sacrifier les droits qui lui sont acquis; elle ne l'est pas davantage à souffrir une invasion. Quoique la guerre civile ait redoublé de violence, que des hordes étrangères soient à quelques lieues de Paris, et la trahison partout, elle se dispose à la résistance, et le combat s'engage : combat d'autant plus terrible pour ceux qui défendent la

Franee, que, restés sans guide et sans boussole, les soupçons, les défiances sont réciproques, et planent sur toutes les têtes; que chacun prenant dans sa tête et dans son cœur la mesure des idées et des sentimens qui doivent le diriger, ne voit qu'un piége dans les plans les plus sages ou les projets les plus hardis, que des traîtres dans les hommes qui lui paraissent ou trop modérés ou trop ardens. La perfidie, déguisée sous les dehors d'un zèle qui ne connaît point de bornes, vient encore ajouter aux emportemens de la fureur, déjà provoquée par tant d'incidens affreux, par tant d'obstacles qui paraissaient insurmontables.

C'est dans cette suite d'événemens si nombreux, si compliqués, résultat de passions opposées, méprisables ou généreuses, qu'aujourd'hui même, des prétentions impudentes vont chercher des titres, la vengeance des armes et la politique des analogies. Tous se tromperont.

Nous autres gens simples, qui n'avons d'autre but que la vérité et le bonheur de la patrie, suivons des voies plus accessibles, et par cela même plus sûres.

Pour bien juger qui a tort ou raison dans une querelle, de quelque nature qu'elle soit, il faut remonter au moment de l'agression.

Or, ici, qu'y a-t-il de certain ? Deux choses :
1°. la révolution faite et consacrée par le
Roi ; 2°. l'opposition des grands corps privilégiés à la révolution.

La noblesse, et, par une conséquence nécessaire, le clergé, reprennent donc leurs
anciens rôles. La royauté, par cela seul qu'elle
s'est dégagée du faux alliage et de l'influence
des priviléges et de la féodalité, redevient
l'objet des attaques de la féodalité et des priviléges.

L'Assemblée constituante, convoquée par le
Roi, dont les actes ne sont devenus des lois
que du consentement et par l'exprsse volonté
du Roi, ne fut donc pas une assemblée de
rebelles, comme on a eu l'audace de l'im-
primer dans ces derniers temps ; la nation, en
acceptant ces lois, et en leur obéissant, n'est
donc pas une nation de rebelles : imputation
articulée formellement, et qui sort par induc-
tion de toutes les doctrines aussi fausses que
lâches dont nous sommes inondés : je dis lâches, parce qu'elles ont pour but de flatter
des erreurs que tout devrait concourir à dé-
truire.

Les corps privilégiés, en méconnaissant les
lois émanées de la volonté du Roi, et en s'ar-
mant contre les lois et contre le vœu de la

nation, ont donc seuls été rebelles et au Roi et à la nation.

Il y a plus : premiers auteurs de tous les troubles, ils le sont donc encore de tous les maux qui en ont été la suite. Il y a absurdité à conclure en leur faveur, des excès qui ont pu être commis dans l'épouvantable conflagration que leur opposition a fait naître. L'exaltation des idées, la violence, l'atrocité même des déterminations sont expliquées par les horreurs de la provocation; et ce ne sont pas à leurs premiers et véritables auteurs à s'en prévaloir.

Si la royauté a été compromise, si elle a subi une éclipse, c'est qu'à tort ou à raison on a regardé que, circonvenue, trompée par les perfidies les plus noires, elle s'était réfugiée sous les drapeaux des priviléges, et que, méconnaissable à ce point, elle a été par le fait entraînée dans leur ruine. Jamais la royauté, avec ce honteux alliage, ne sera reçue en France, comme jamais, sans cet alliage, elle n'en eût été bannie.

La justesse de ces assertions est démontrée par les faits.

1º. Malgré tant de suggestions, d'intrigues, et je ne sais quelles obligations prétendues, imposées par la reconnaissance, la royauté, en

rentrant en France, n'a pu se refuser à l'évidence; et par la déclaration de Saint-Ouen
et par la Charte, elle a repris ses anciens
et véritables errémens. Replacée sous la foi
des actes de 1789, elle reproduisit la joie
qui fut si vive alors. M. de Châteaubriand
dit : « Lorsque la restauration est venue nous
» sauver, par un mouvement naturel, on s'est
» reporté au commencement de nos troubles,
» et les vingt-cinq ans de nos malheurs s'éva-
» nouissant comme un mauvais songe, on a
» repris la monarchie où on l'avait laissée. »
On pourrait demander de quelle monarchie
entend parler M. de Châteaubriand ? ensuite,
qui l'avait laissée, et comment elle avait été
laissée ? Toutefois, je n'ai pas le temps de
faire un livre, et j'accorde que ce soit la
monarchie constitutionnelle. Dans ce cas, c'est
la monarchie contre laquelle les royalistes de
M. de Châteaubriand ont pris les armes : c'est
toujours bien de reprendre les choses là, pour
s'y soumettre enfin; mais cette reconnaissance
et cette soumission, en les supposant réelles,
prouvent encore tout le mal que firent à la
dynastie régnante et à la France les royalistes
de M. de Châteaubriand, en ne s'y soumettant
pas dès le principe.
Seconde preuve : la royauté est donc ré-

tablie; son régime est doux et inspire de la confiance; mais les privilégiés veulent croire et faire accroire qu'elle n'est rétablie que pour eux. Les esprits sont saisis de craintes nouvelles; des préventions funestes se répandent de toutes parts, et sont fortifiées par des discours aussi absurdes qu'imprudens. Un événement subit, inattendu, vient étonner la France. Ceux qui avaient de bonnes raisons pour se tromper, et pour tromper les autres sur cet événement, ont prétendu qu'il avait été favorisé en haine de la dynastie qui nous gouverne : cela n'est pas vrai. Tous les bons esprits ont observé, et sur tous les points du territoire, qu'il n'avait eu lieu ni contre le Roi, ni en faveur de Bonaparte, mais uniquement par suite des entreprises et des témérités d'une portion de deux classes d'individus bien connus : ainsi, la dynastie des Bourbons et la France leur devaient déjà leurs premiers malheurs; elle leur est encore redevable de cette dernière catastrophe.

Troisième preuve : lors du second retour du Roi, le jeu des royalistes, à la manière de M. de Châteaubriand, était bien plus beau Il leur était facile, grâce aux derniers événemens, de transformer tous les français en bonapartistes et en jacobins; ils n'y manquèrent

pas ; ils imaginèrent de faire dans les emplois
ce qu'ils appelaient des épurations, et elles
furent sans nombre : on plaça partout de prétendus royalistes ; une Chambre des députés fut
composée en grande partie de gens de cette espèce ; c'était le plan de M. de Châteaubriand :
sept hommes par département, écrivait-il alors,
et la cause était gagnée. Ce plan, ne lui en dé-
plaise, n'était cependant qu'une mauvaise pa-
rodie, un réchauffé maladroit et fort mal
calculé du gouvernement révolutionnaire de
1793. Aussi qu'arriva-t-il ? il fallut dissoudre la
Chambre, comprimer ou même renvoyer les
plus ardens des nouveaux promus ; et pourquoi ? c'est que rien de ce qui se faisait n'était
ni pour le Roi, ni dans l'esprit de la royauté,
mais bien dans l'esprit de la faction des anciens priviléges ; et ce qui existe encore de
mal parmi nous, vient de la même cause. C'est
que la royauté et les royalistes de M. de Châteaubriand, ces royalistes *qui se sont constamment opposés à la révolution*, sont deux choses
inconciliables, comme le bien et le mal ; c'est que
la royauté qui convient à la France n'est pas
celle de ces royalistes ; ou, pour parler plus
juste, c'est que les royalistes de M. de Châteaubriand ne sont pas des royalistes ; ce sont des
nobilistes, des féodalistes, des orgueillistes,

des égoïstes, tout ce qu'on voudra, mais non des royalistes. Il y a plus, par l'abus qu'ils ont fait de ce mot, ils l'ont dénaturé et compromis, au point que, pour le rendre à son véritable sens, il faudrait en quelque sorte le laisser reposer, comme ces liqueurs précieuses troublées par des substances étrangères, auxquelles on ne touche pas pendant quelque temps, et qu'on décante avec précaution, afin de laisser au fond du vase qui les contient les parties hétérogènes qui en alteraient la pureté.

Toutes les objections déjà connues, et imaginées par le défaut de bonnes raisons, viennent se briser contre ces deux grands traits d'une révolution faite dans l'intérêt de la population et de l'humanité, solennellement, légitimement consacrée, et d'une résistance dont personne ne peut nier l'évidence, ni méconnaître les caractères comme les funestes résultats.

Je ne prétends point que les royalistes de M. de Châteaubriand aient eu l'intention de trahir le Roi ; j'accorderai même, si l'on veut, qu'ils croient que leur manière de le servir est la bonne : mais il doit être démontré à tout homme de bon sens qu'il leur est impossible de ne pas faire le mal, puisque leurs affections, leurs souvenirs, le fond de leurs idées, en un mot, tout ce qui constitue leur être intellectuel et moral, les entraîne, même à leur insu, dans une route absolument contraire à celle qui est tracée par la nature et la force des choses, par la lettre et l'esprit de nos institutions actuelles.

Il ne serait donc point étonnant que le ministère eût dit, en parlant de ce monde-là, ce que suppose M. de Châteaubriand : « que les » royalistes, par des obstacles accumulés, ar- » rêtent la marche du gouvernement, l'ébran- » lent, le compromettent peut-être un mo- » ment. »

Que le ministre ait dit, ou non, ces vérités, elles n'en sont pas moins généralement senties.

Après avoir établi d'une manière bien claire, bien précise et bien positive, au moins je l'espère, ce qu'est la nation, et ce que sont les royalistes de M. de Châteaubriand, analysons la série des reproches qu'il adresse, à leur sujet, au ministère : nous avons maintenant une règle pour les apprécier.

Comme je ne prétends pas me constituer le défenseur du ministère, qui n'a pas besoin de mes services, je me contente de prendre parmi ces reproches ceux qui tendent plus particulièrement à tromper l'opinion, et à compromettre la chose publique.

Si l'on en croit M. de Châteaubriand, « les royalistes n'ont pas besoin d'être justifiés ; on sait s'ils ont défendu la monarchie, leurs malheurs le disent assez. La Chambre des députés de 1815 déplut au ministère, qui s'était placé dans la minorité, croyant qu'on pouvait marcher de la sorte. L'ordonnance du 5 septembre vint réparer cette petite erreur. Il faut procéder à de nouvelles élections : les précautions sont prises pour en écarter les royalistes ; elles commencent. Dans quelques endroits, elles se font aux cris : *à bas les prêtres! à bas les nobles !* Des colléges électoraux se séparent sans pouvoir terminer leurs opérations.

» Déclaré d'une manière aussi furibonde, le ministère se vit dans la nécessité de les poursuivre à outrance. Alors se multiplièrent les mesures annoncées dans *la Monarchie selon la Charte.* En conséquence de ces mesures, la condition des royalistes est devenue pire qu'elle ne l'a été depuis qu'on a cessé de les proscrire ; car alors s'ils n'avaient rien, du moins étaient-ils respectés ; s'ils ne pouvaient entrer comme élémens dans le gouvernement usurpateur, du moins on estimait leur caractère, leur constance, leur opinion même ; on se fiait à leur probité, on comptait sur leur parole. Aujourd'hui quel rôle jouent-ils ? ils sont restés

nus comme ils l'étaient sous Bonaparte : mais
ils n'ont plus ce qu'ils avaient : la considération
pour supporter le présent, l'espérance pour
attendre l'avenir. Qu'avant la restauration ils
subissent le joug, c'était une conséquence iné-
vitable de leur position. Aujourd'hui la chose
est-elle aussi naturelle ? Haïs comme des vainqueurs, dépouillés comme des vaincus, ils s'entendent dire : « N'êtes-vous pas contens ? n'avez-
» vous pas le gouvernement que vous appeliez
» de tous vos vœux, pour lequel vous avez
» tout sacrifié ? »

« D'autres les poursuivent avec le cri des assassinats, en appelant sur eux les proscriptions
comme nobles, comme méditant l'envahissement des propriétés nationales. Ce sont de tels
hommes qu'on met sous la tutelle ministérielle,
dont on met l'honneur en surveillance, et qui
sont suspects de fidélité.

» Non content de les traiter avec tant de sé-
vérité, on les livre encore à la moquerie publique ; on essaie de les faire passer pour des
imbécilles, tombés dans une espèce d'enfance.
Il y a des gens qui prennent la probité pour
de la bêtise. Il semble qu'on s'efforce, par tous
les moyens possibles, même par ceux de l'a-
mour-propre, d'extirper le royalisme, pour ar-
racher les racines du tronc. Et pourquoi atta-

que-t-on les royalistes avec tant de courage? pourquoi ? parce qu'ils ne se défendent pas. Leur vertu les perd; leur honneur fait leur faiblesse; on est sûr qu'ils ne repousseront pas les coups qu'on leur porte au nom du Roi.

» On doit protéger les intérêts de la révolution; d'accord : s'ensuit-il qu'il faille persécuter les royalistes? Les royalistes sont peu nombreux, dites-vous. Les royalistes sont très-nombreux; les élections en sont la preuve. Quel avantage les ministres d'un Roi trouvent-ils donc à prouver qu'il n'y a pas de royalistes? N'est-il pas de leur devoir d'en augmenter la race? On a pris à tâche de multiplier les hommes d'une opinion différente.

» J'avais dit : faites des royalistes; on a mieux aimé faire autre chose : on s'est plu à ranimer un feu dont les dernières étincelles commençaient à s'éteindre; on a voulu ne placer le gouvernement à la tête d'aucun parti. C'est d'abord une chose singulière, que de regarder les royalistes comme un parti sous la royauté.

» Ensuite, il n'est pas vrai qu'on ait tenu la balance égale. Les royalistes sont chassés; leurs plus petites fautes sont punies avec une rigueur inflexible; et la rébellion, les outrages aux drapeaux, au nom du Roi, trouvent des cœurs indulgens, excitent la pitié et la miséricorde;

on s'attendrit sur le sort des conspirateurs : *ce sont les royalistes qui les ont poussés à bout ;* on destitue les autorités qui ont réprimé des rebellions. »

Quand on a encore sous les yeux ce qui s'est passé depuis le second retour ; quand on se rappelle avec quelle indignité les royalistes de M. de Châteaubriand ont abusé du nom sacré du Roi, peut-être de sa confiance, pour conquérir les départemens, non au profit de la royauté, mais pour leur propre compte, la volonté bien prononcée du gouvernement, d'arrêter tout ce qui peut aigrir les esprits, peut seule m'empêcher de retracer ici le hideux tableau de ce que j'ai vu, de mes yeux vu, dans plusieurs départemens, ce que j'ai observé ; et comme je suis sans prévention et sans prétention, je ne crois pas me tromper sur ces choses-là. Cependant je ne puis m'empêcher d'exprimer ici une réflexion que j'ai souvent faite, et que j'ai entendu faire à tous les gens de quelque sens : c'est que si l'on avait imaginé en enfer une conspiration pour éloigner à jamais les esprits et les cœurs du Roi et de son gouvernement, on peut douter qu'on y eût trouvé d'aussi grandes ressources qu'en ont rencontré ces gens-là. Voilà une vérité qui deviendra plus évidente à mesure que le calme se rétablira parmi nous. Comment, d'après cela, ne pas s'écrier qu'il faut que M. de Châteaubriand ait bien du courage ou de....... pour oser publier des plaintes pareilles à celles que je viens de transcrire ! Le ministère peut avoir des torts ; mais ne nous aveuglons point : ce n'est pas aux hommes qui connaissent la position de la France, à souffrir que ces torts réels ou supposés deviennent des armes contre l'état, entre les mains de ses éternels ennemis.

On pourrait répondre aux plaintes et aux imputations de M. de Châteaubriand et de ses royalistes, par ce seul vers de *Britannicus*, surtout en y faisant une légère addition :

Si vous ne régnez pas, } vous vous plaignez toujours
Si vous n'opprimez pas, }

Je crois avoir établi que les royalistes de M. de Châteaubriand ne sont pas des royalistes précisément, parce que, dans tous les temps, ils ont contrevenu à la volonté du Roi, et attaqué ainsi la monarchie ; ils n'ont servi que leurs intérêts, diamétralement opposés à ceux du trône, comme à ceux de la France ; et M. de Châteaubriand aurait cent fois plus de talent qu'on ne lui en suppose, il ne les justifierait ni devant les contemporains sensés, ni devant la postérité.

La Chambre des députés de 1815 ne *déplut* pas seulement au ministère ; elle déplut à la nation, qu'elle épouvanta ; et par la même raison que le ministère se plaça alors dans la minorité de la Chambre, il se plaça dans la majorité de la nation, ou, pour parler plus juste, au cœur de la nation. Heureuse position, qu'il sera toujours le maître de reprendre et de conserver quand il lui plaira.

Les déclamations des royalistes de M. de Châteaubriand contre l'ordonnance du 5 septembre, et contre la loi des élections, sont le plus bel éloge qu'on ait jamais fait de ces deux grands actes de salut. Il ne serait point étonnant qu'on ût crié : à bas des nobles qui veulent tout bouleverser ; à bas des prêtres qui portent le trouble dans les consciences, la discorde dans les familles, les haines et le désordre dans la société ! Mais la preuve qu'on n'a pas crié à bas les nobles ! à bas les prêtres ! c'est que des nobles ont été et sont honorés du suffrage unanime des peuples, et que les prêtres qui se sont fait remarquer par des vertus réelles, n'ont jamais obtenu plus de respect que de nos jours : comme s'il eût fallu en voir d'aussi mauvais que certains qu'il n'est pas difficile de rencontrer, pour faire sentir tout ce que valent les bons.

La France attendait avec anxiété le résultat des élections de 1816; et ce fut un bonheur pour la patrie, que de ne pas voir reparaître les noms, justement odieux, d'individus dont les opinions furibondes étaient encore l'objet de l'effroi public. Ils n'ont point été éloignés des élections; mais ils n'ont pu à la vérité les dominer partout, et leurs violences cette fois ont été prévenues. Voilà en effet un grand crime de lèze-royalisme–Châteaubriand. Au reste, retracez l'historique des élections de 1815, signalées par tant de violences, rapprochez-les de celles de 1816, de celles de 1817, et jugez.

La condition des royalistes de M. de Châteaubriand n'a changé qu'en ce qu'ils ont un peu moins de facultés pour dénoncer et pour nuire. Ils n'ont jamais été plus considérés ni plus respectés dans un temps que dans un autre; mais ils étaient tranquilles, et surtout forcés de respecter la tranquillité des autres. C'est cette contrainte qu'il appellent un joug. Ils supportaient le présent, et, quoi qu'ils en disent, ils conservaient bien peu d'espérance pour l'avenir. Le rôle qu'ils jouent n'est pas équivoque; personne ne peut s'y tromper; et sans remonter aux causes de leur nudité, la France ne leur reprocherait pas même plusieurs dixaines de millions de pensions méritées ou non, si d'ailleurs ils avaient la complaisance de ne pas troubler son repos.

On ne prend pas la peine de les haïr; ils ne sont certainement pas des vainqueurs : des vainqueurs! les royalistes de M. de Châteaubriand! Et de qui? et de quoi? Ah bon Dieu! Ils n'ont pas davantage, il faut en convenir, le gouvernement qu'ils appelaient de tous leurs vœux : ce n'est que pour celui-ci qu'ils ont tout sacrifié. Dire autrement, serait une dérision; et, voilà la cause de leur mécompte, de leurs plaintes si amères.

M. de Châteaubriand est au moins bien imprudent, quand il ose parler de l'ancien cri des assassinats; apparemment qu'il n'a point d'oreilles pour des cris plus récens; et ses prosélytes ne lui paraissent si cruellement persécutés, que parce qu'ils ne peuvent persécuter et proscrire.

L'incapacité qu'on reproche aux royalistes de M. de Châteaubriand, n'est point toujours une conséquence de l'imbécillité; elle est celle de l'inaction, de l'inexpérience, de l'ignorance, mais surtout d'une fausse direction d'idées, qui ne permet de rien voir à sa véritable place.

M. de Châteaubriand, qui prétend avoir justifié ses fidèles de ce reproche, aurait bien dû citer en preuve le naufrage de *la Méduse*. Si la terre avait été un autre élément mobile, combien de départemens se seraient brisés sur des récifs, ou auraient sombré sous voile, sans qu'il fût resté le moindre débris pour en recueillir la plus petite partie!

Les racines du trône ne sont point dans les ridicules opinions, dans les intérêts personnels des individus qui ont attaqué et combattu la nation; elles sont dans le centre de cette nation même, dans cette Charte qui est devenue un bien commun et national; dans cette Charte qui, malgré tous leurs efforts, ne deviendra pas un instrument de dommage entre les mains des royalistes de M. de Châteaubriand.

M. de Châteaubriand aurait bien dû nous dire une fois seulement en quoi consistent ces attaques, ces persécutions, j'ai presque dit ces supplices que l'on prodigue à ces pauvres et bonnes gens que leur vertu perd, qui ne se défendent point, qui ne repousseront jamais les coups qu'on leur portera au nom du Roi.

C'est pourtant à nous contemporains que M. de Châteaubriand vient dire toutes ces belles choses, devant des milliers d'individus plus ou moins dispersés, chassés, emprisonnés, mutilés par ces deux agneaux qui ne se défendent même pas.

Si l'on en croit des correspondances et des récits qui ne peuvent pas être tous mensongers, ces prétendus royalistes ne sont pas aussi dévoués au culte de la royauté, qui n'est pas leur royauté, que le prétend M. de Châteaubriand : il n'ignore sûrement pas sur quel ton ses royalistes chantaient certains hymnes, quand ils ont vu que les choses n'allaient pas tout à fait à leur gré : il en sait là-dessus autant que moi ; bien des gens en savent autant que lui ; nous en savons tous autant les uns que les autres ; il est inutile d'insister. Mais il a dû au moins sourire, quand il a écrit que ses royalistes ne repousseraient jamais les coups qu'on leur porterait au nom du Roi : sa brochure le prouve évidemment.

Je serai pourtant une fois presque d'accord avec M. de Châteaubriand : c'est lorsqu'il dit que les royalistes sont très-nombreux. Je vais plus loin ; les royalistes, comme il l'entend, sont trop nombreux ; et en effet les ministres ont tort, s'ils disent le contraire, comme ils n'auraient pas raison d'en accroître la race ; ils feraient pour cela de vains efforts : tandis qu'il ne leur en coûte rien pour voir multiplier les hommes d'une opinion différente, puisque ces hommes sont la France entière.

Dieu dit : que la lumière se fasse, et la lumière fut faite. Il paraît que M. de Châteaubriand ne jouit pas encore d'une puissance égale ; car il a dit aux ministres : Faites des royalistes, et les royalistes n'ont point été faits.

Au lieu de ranimer des étincelles qui commençaient à s'éteindre, il me semble qu'on a bien plutôt éteint des torches qui causaient déjà beaucoup de ravages.

Je crois avoir démontré que la royauté, telle qu'elle existe aujourd'hui en France, n'est point la royauté des royalistes de M. de Châteaubriand. Il n'est donc point étonnant que ces royalistes soient un parti sous la royauté ; ils sont plus ; ils sont une faction, la seule qui ait eu ce caractère depuis ving-cinq ans, et la source de tous les maux de la patrie, comme le l'ai déjà dit, et comme la France en est convaincue. Que la surprise de M. de Châteaubriand cesse donc, puisque ces hommes qu'il appelle les plus fidèles amis du trône, en sont les plus cruels, les plus constans et les plus implacables ennemis ; encore une fois, le trône qui leur convient, c'est-à-dire celui où ils dominent, ne convient point à la nation ; et voilà ce qui explique ces minorités royalistes, cette opposition des royalistes aux volontés du Roi, opposition à laquelle M. de Châteaubriand ne peut s'accoutumer.

On a renvoyé, ou, si l'on veut, on a chassé de quelques places des délateurs, des sycophantes, des imbécilles, des escrocs; et M. de Châteaubriand s'en plaint. Ce sont donc aussi là des royalistes! Pour moi, si j'avais à me plaindre, ce serait de voir bien des localités gémir, même aujourd'hui, sous la domination de certains personnages que l'absurdité et l'insolence n'abandonnent jamais, ou sous celle de leurs valets, ce qui est certainement plus dégoûtant. Ce pourrait bien encore être là des royalistes à la Châteaubriand. Ils donnent en effet pour des conspirations le mépris, la haine qu'inspirent leurs persécutions; et M. de Châteaubriand pense que ce sont les victimes qui ont tort.

En disant que les royalistes *ne pouvaient entrer comme élémens dans le gouvernement usurpateur*, M. de Châteaubriand ne s'est sûrement pas rappelé du fameux mot : « Je leur ai ouvert mes antichambres, et ils y sont accourus. » Il oublie que Dieu, pour ramener parmi nous l'ordre et la paix, avait prédestiné..... Qui....? Le nom, avec des éloges bien autrement pompeux, doit se trouver dans les ouvrages de M. de Châteaubriand.

Enfin, M. de Châteaubriand invoque encore le rétablissement des autels. « Rétablissons nos autels, » dit-il. Comment les autels qui sont partout accessibles, ne sont donc pas les autels de M. de Châteaubriand ? Faudrait-il donc au trône des royalistes de M. de Châteaubriand les autels de Boniface III et de Grégoire. Cela est plus que probable. Il n'en faut pas tant pour opprimer les rois et les peuples. Par malheur, ce n'est point ainsi que le veulent le siècle et l'esprit de notre pays : vous ne ferez faire aucun progrès aux sentimens religieux par l'absurdité et par la violence ; il faut maintenant un peu de raison partout ; un langage impérieux et furibond peut obtenir le suffrage de quelques factieux ou de quelques imbécilles fanatiques, rendre quelques femmes plus hargneuses et plus acariâtres, il repoussera la multitude. De la décence dans les habitudes ; des mœurs pures ; un amour sincère de l'union et de la paix, des discours remplis d'aménité et de bienveillance ; une connaissance parfaite et l'amour des lois qui nous régissent : voilà ce qu'il faut inspirer dans les écoles où se forment les prêtres de toutes les religions ; voilà ce qui doit les faire remarquer dans l'exercice de leur ministère. A ce moyen, vous verrez réfleurir la religion ; mais ce moyen est aussi éloigné des autels de M. de Châteaubriand, que ses royalistes le sont du trône, de la patrie et de la charte. On n'arrivera cependant à un ordre d'idées vraiment religieuses que par la voie qui vient d'être indiquée ; toute autre ne sera qu'un principe de trouble et d'anarchie.

L'oubli de la religion, disent certaines gens, a été la cause de la révolution ; rétablissons donc la religion, pour étouffer une bonne fois l'esprit révolutionnaire ; et la religion, pour ceux qui raisonnent ainsi, ce sont les autels de M. de Châteaubriand. Il faudrait faire un gros livre pour noter seulement le nombre de sottises que renferme ce peu de paroles, et ce n'est pas avec des sottises qu'on ramène le repos et la stabilité dans les états.

Au fond, quel est le but de tant d'efforts criminels, de tous ces écrits où le bon sens et la vérité sont également outragés, de ces misérables distinctions d'intérêts révolutionnaires, moraux et physiques? De soutenir les prétentions de quelques-uns contre les droits de tous. Vingt-cinq ans d'intrigues, d'impostures, de trahisons et de malheurs mérités, ne suffisent point aux véritables auteurs de tous nos maux. On ne sait qui doit le plus

étonner de leur aveuglement ou de leur opi-
niâtreté ; mais quel jeu cruel de vouloir ainsi
toujours recommencer les mêmes scènes !
Comme si la France pouvait rester sous le joug
d'une poignée d'insolens dominateurs ; comme
si les essais, aussi odieux que révoltans, qu'ils
ont faits depuis deux ans, n'avaient pas dû les
détromper !

Ils ne sont pas même d'accord sur leurs
plans : car, tandis que les uns veulent arriver
directement à leur but, M. de Châteaubriand
plaide pour la charte, et il soutient que tous
ses acolites sont comme lui, remplis de la plus
vive ardeur pour la charte, qu'elle est l'objet de toutes leurs affections et de leur culte ;
toutefois c'est sous la condition qu'on leur
en confiera exclusivement le dépôt et l'exécution à eux, royalistes par excellence, *constamment opposés à la révolution.*

Ce sont là les hommes qui, vrais caméléons,
prennent toutes les formes pour attaquer le
gouvernement, les hommes dont on a pu être
dupe un instant, et sur le compte desquels
ceux qui ont le plus d'intérêt à voir juste, ne
sont peut-être pas encore détrompés.

D'un autre côté, les ministériels, par des
incertitudes et des oscillations dont M. de
Châteaubriand a su tirer grand parti, quoi-

que ses royalites et lui soient les gens du monde qui aient le moins le droit de s'en plaindre ; les ministériels, dis-je, ont inspiré des inquiétudes et des défiances.

Cependant il faut faire bien attention que les royalistes de M. de Châteaubriand veulent dominer la France pour eux-mêmes, dans un systême qui leur est exclusivement favorrable ; tandis que les ministériels n'ont évidemment d'autre but que l'intérêt de la patrie et celui du Roi : ce qui établit déjà entre ceux-ci et les premiers une différence, incalculable, il est juste de le reconnaître. Mais ils semble que les ministériels agissent et parlent comme si eux seuls avaient le sentiment de ce qui convient à notre position ; il semble qu'ils voudraient trouver, entre les royalistes de M. de Châteaubriand et ce qu'on appelle indépendans, une ligue et un parti dans la mesure de l'opinion qui leur est propre. Une telle prétention, si elle était réelle, serait tout à la fois un ridicule et une erreur.

Il n'y a en France que les royalistes de M. de Châteaubriand, la seule faction réelle qui ait existé depuis vingt-cinq ans, faction composée des ennemis constans de la monarchie depuis sa crétion, quand la monarchie

n'a pas été sous leur joug ; il n'y a , je le ré-
pète , dans l'état, que cette faction d'un côté ,
et de l'autre le corps de la nation ou des
Français , qu'on veut bien appeler indépendans.

Vouloir dégager et placer entre les blancs
et la nation une portion de Français qui se
croient plus purs , parce qu'ils n'ont point
pris part aux événemens de la révolution ,
ou par toute autre cause , c'est tout simple-
ment une une absurdité ; les peuples n'admettent pas ces triages , et l'opinion générale
repousse de telles subtilités , qui d'ailleurs ne
reposent que sur de fausses appréciation des
hommes et des choses.

Entre la faction et la France il n'y a point
d'espace ; on ne peut y trouver qu'une fausse
position , qui mécontentera, qui offensera
également les deux côtés.

La grande cause de la déviation qu'on re-
reproche aux ministériels , si elle est réelle ,
vient surtout de la légèreté avec laquelle on
juge le passé. Je suis toujours effrayé des
étranges erreurs dans lesquelles, à cet égard,
je vois tomber des gens pleins d'ailleurs de
bonne foi, de bon sens et de lumières. On y
donnerait une bien autre attention, si l'on se
pénétrait bien de l'idée qu'il n'y a point de

petite erreur ea ce genre, et que la moindre qui se placé dans l'esprit d'un homme d'état, peut produire les effets les plus désastreux.

Quand on a outragé les hommes qui ont pris part aux affaires dans le cours des événemens, et qu'ou a jeté un regard de pitié et de mépris sur ce qui s'est passé, on se croit tout à la fois un héros de vertu et un habile homme. On serait bien honteux, si on pouvait voir à l'instant même que l'erreur dans laquelle on tombe est grossière, misérable ; mais qu'il en résulte cependant des déterminations funestes ou des mesures on ne plus dangereuses. On fait l'histoire de la révolution comme la feraient des servantes ou des goujats : c'est là qu'est tout le secret de notre position depuis trois ans.

Il n'y a qu'une place pour le gouvernement en France; elle est au milieu de la population française. A l'extrémité, se trouvent ou des regrets justement condamnés, ou des idées exagérées de liberté ; mais les Beugnot , les Laffitte, les Bignon, les Manuel ne se trouvent certainement pas dans cette extrémité.

Eloignons également toutes les prétentions insolentes et toutes les distinctio s ma inées par des factieux, dans la vue de proscrire et de conquérir. Il n'y a en France que deux intérêts, celui des anciens cor s pr vilé és et

celui de la nation. L'intérêt des corps privilégiés n'est rien, et quand il se manifeste, il est
un danger et un crime ; l'intérêt de la nation,
qui est aussi celui du Roi, est tout. Ceux-là
seuls peuvent le bien servir, qui le com-
prennent, et lui ont été constamment dévoués,
de ce nombre ne sont pas les royalistes de
M. de Châteaubriand.

FIN.